Mes premiers livres de science

COLLECTION CRABTREE « LES JEUNES PLANTES »

LA CHAÎNE ALIMENTAIRE DANS LE DÉSERT

Alan Walker

Crabtree Publishing
crabtreebooks.com

Le désert est un **habitat** où il y a très peu d’eau.

Cependant, plusieurs plantes et animaux y vivent.

Les lapins à queue blanche mangent les plantes du désert.

Les lapins à queue blanche sont des **herbivores**.

Les lapins à queue blanche font un délicieux repas pour les crotales et les autres **carnivores**.

Les coyotes rôdent dans le désert. Ils mangent des plantes, des insectes, des lapins à queue blanche et des serpents.

Les coyotes sont des **omnivores**.

Les vautours nettoient les habitats. Ils mangent de la **charogne**.

Les vautours sont des **charognards**.

Voici la chaîne alimentaire dans le désert.

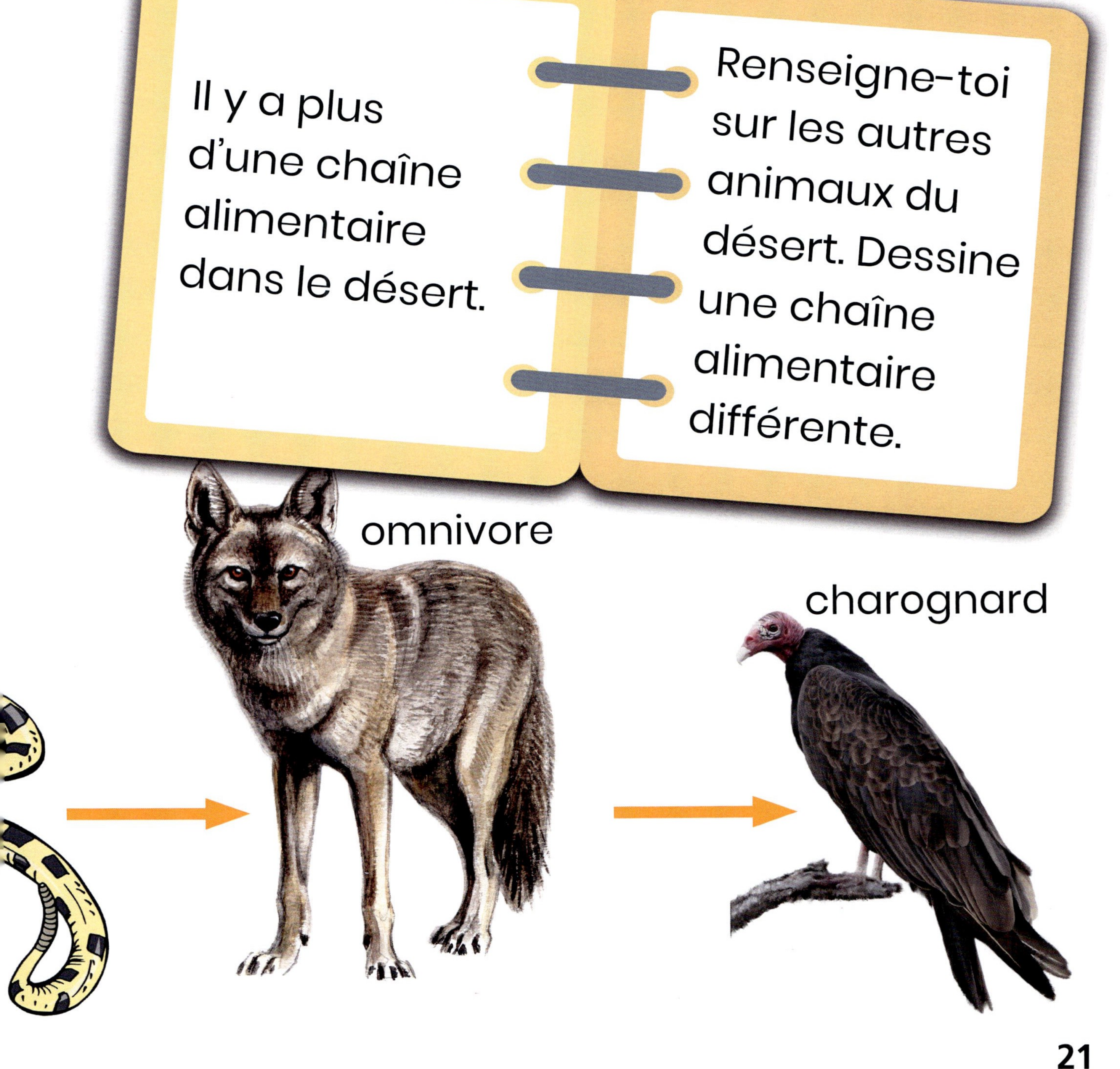
Il y a plus d’une chaîne alimentaire dans le désert.
Renseigne-toi sur les autres animaux du désert. Dessine une chaîne alimentaire différente.
omnivore
charognard

Glossaire

carnivores (kar-ni-vor) : Les carnivores sont des animaux qui se nourrissent exclusivement d'autres animaux.

charognards (sha-ro-nyar) : Les charognards sont des animaux qui mangent de la charogne.

charogne (sha-rony) : La charogne est la chair pourrie d'un animal mort.

habitat (a-bi-ta) : Un habitat est un endroit où vit naturellement une plante ou un animal.

herbivores (er-bi-vor) : Les herbivores sont des animaux qui se nourrissent exclusivement de plantes.

omnivores (om-ni-vor) : Les omnivores sont des animaux qui se nourrissent à la fois de plantes et d'autres animaux.

Index

Soutien de l'école à la maison pour les gardien(ne)s et les enseignant(e)s.

Ce livre aide les enfants à se développer grâce à la pratique de la lecture. Voici quelques exemples de questions pour aider le(a) lecteur(-trice) à développer ses capacités de compréhension. Des suggestions de réponses sont indiquées.

Avant la lecture

- **Quel est le sujet de ce livre?** Je pense que ce livre traite de la chaîne alimentaire dans le désert. Il pourrait nous renseigner sur les animaux qui font partie d'une chaîne alimentaire.
- **Qu'est-ce que je veux apprendre sur ce sujet?** Je veux savoir quels animaux font partie de la chaîne alimentaire dans le désert. Sur la couverture, je vois les images de quatre animaux.

Durant la lecture

- **Je me demande pourquoi...** Je me demande pourquoi les animaux vivent dans le désert où il y a très peu d'eau.
- **Qu'est-ce que j'ai appris jusqu'à présent?** J'ai appris que les lapins à queue blanche, les crotales, les coyotes et les vautours font partie de la chaîne alimentaire du désert.

Après la lecture

- **Nomme quelques détails que tu as retenus.** J'ai appris que les plantes sont au début de la chaîne alimentaire du désert.
- **Lis le livre à nouveau et cherche les mots de vocabulaire.** Je vois le mot ***omnivores*** à la page 14 et le mot ***charogne*** à la page 17. D'autres mots du vocabulaire se trouvent aux pages 22 et 23.

Crabtree Publishing

crabtreebooks.com 800-387-7650

Version imprimée du livre produite conjointement avec Blue Door Education en 2021.

Auteur : Alan Walker
Traduction : Claire Savard

Crédits photos : Couverture p. 2-3 © Ste Lane; p. 4-5 © kojihirano.; p. 6-7 © yhelfman; p. 8-9 © By Rachel Portwood; p. 10-11 © Riegsecker; p. 12-13 et p. 14-15 © Martin Froyda; p. 16-17 © Maria Jeffs; p. 18-19 © Vladislav T. Jirousek; p. 20-21 plantes © NoPainNoGain, lièvre © Anna Filippenok, crotale © GoodStudio, coyote © Panaiotidi, vautour © Svetlana Foote, icone carnet © Pro Symbols; Toutes les photos et illustrations de Shutterstock.com

Imprimé au Canada/052024/CPC20240522

Publié au Canada par Crabtree Publishing
616 Welland Avenue
St. Catharines, Ontario
L2M 5V6

Publié aux États-Unis par Crabtree Publishing
347 Fifth Avenue
Suite 1402-145
New York, NY 10016

Hardcover	978-1-4271-5060-8
Paperback	978-1-4271-3680-0
Ebook (pdf)	978-1-4271-3748-7
Epub	978-1-4271-5049-3
Read-along	978-1-0398-0432-6
Audio book	978-1-4271-5038-7

Catalogage avant publication de Bibliothèque et Archives Canada
Titre: La chaîne alimentaire dans le désert / Alan Walker.
Autres titres: Food chain in a desert. Français
Noms: Walker, Alan (Écrivain pour la jeunesse), auteur.
Description: Mention de collection: Mes premiers livres de science | Collection Crabtree "Les jeunes plantes" | Traduction de : Food chain in a desert. | Traduction : Claire Savard. | Comprend un index.
Identifiants: Canadiana (livre imprimé) 20210167653 | Canadiana (livre numérique) 20210167688 | ISBN 9781427136800 (couverture souple) | ISBN 9781427137487 (HTML) | ISBN 9781427150493 (EPUB)
Vedettes-matière: RVM: Écologie des déserts—Ouvrages pour la jeunesse. | RVM: Chaînes alimentaires (Écologie)—Ouvrages pour la jeunesse.
Classification: LCC QH541.5.D4 W3514 2021 | CDD j577.54/16—dc23